JN439267

금빛 날개

김춘자 시집

교음사

김 춘 자

- 충북대학교교육원 수필창작 수강
- 샘터 창작문예대학 수료
- 월간 『한국산문』 수필 등단(2018)
- 샘터 신인상(시) 등단(2018)
- 한국문인협회, 푸른솔문인협회, 한국산문작가회
  여백회. 샘터작가회 회원
- 수상 :
  효동문학상(2018), 충대수필 문학상(2018)
  여성문인협회 공모대상(2018)
  샘터문학상 본상 수상(2018)
- 현, 코맙 공동대표

- 저서
  산문집 : 『그것은 사랑이었네』(2015, 청어출판사)
  『집 잘 짓는 여자』(2020, 교음사)
  시집 : 『오월이 오기까지』(2018, 예술의 숲)
  『금빛 날개』(2020, 교음사)

금빛 날개로 날다.

순수한 동경 추억에 대한 그리움을 스케치하고
맑은 언어가 내 안에서 기지개를 켭니다.
정갈한 정서로 행복을
전해 드리려 씨앗을 뿌리고 추수하여
여러분 곁으로 출가시키려 합니다.

2020년 12월
저자 김춘자

| 금빛 날개 |

· 김춘자 시집

· 차례

1. 가슴속 바람

2. 구름

3. 오월

4. 마음

1

가슴속 바람

쌍둥이 소나무

부엽토 두둑한 땅에 올곧게 뿌리내려
하늘을 머리에 이고 쑥쑥 자라
사방팔방으로 가지를 뻗어 나갔네

사회로 뻗어 나가 언론사에 출근하여
날갯짓 잘하는데
사주가 수해의연금 착복하니
폐간 조치되었다네

추락하여 착지한 곳이
먹지도 못하는
세종대왕님과 씨름하는 곳이었네

상무님 다리 놓아 국록 먹는 남편 만나
살림살이 빡빡하니 건설회사 설립하여
오 남매 기둥 만들고
사원들 눈비 가림막이 되어 주고
길도 터 주고 오지랖 펴다 보니
머리에 하얀 설화가 피고

추운 겨울 생솔가지 쳐서 군불 떼고
벽돌 한 장 한 장 쌓아 올려
푼푼이 모은 돈으로 장학금 주었더니
동량들 어느새 자라 오고가며 들려주니
그나마 삶의 보람이었네

소나무 우뚝 자라 대들보 대고
용마루 되어 묵은 솔향 풍기는
우리는 천생연분 쌍둥이 소나무라네

가슴속 바람

찔레꽃 차 향기 가득
입안에서 맴돌고
장구봉 나무들은
푸른 옷을 입고
하느작하느작
곁에 와 머물면
달궈진 가슴 속 바람
강산이 세 번 바뀌고
명주처럼 포근한 촉감으로
인연 날 받은 날
기쁨도 슬픈 날 아닌
곱고 고운 샛바람
살포시 일던 날
날이 가고 달이 가고
서른 해가 되었어도
아직도
그 설레임이 느껴지네요

– 상견례를 다녀와서(2020. 9. 9)

다이어트

곧고 날씬하여
청죽이라 불렀네

동서남북
들랑날랑
젖살 오른 우량아
처녀 때 따라오던
총각들
우량아 보고
뒷걸음치네

가을도 아닌
초겨울 할매
유럽 한 바퀴
돌아오면
청죽되지 않을까
비행기 탄다

금빛 날개로 날다

희끗희끗한 머리카락과 주름 사이로
세월의 흔적이 흐르고
160센티미터 키 사이로
첫째가 연구하고
둘째는 대기업
셋째는 국록 먹고
넷째는 변론하고
다섯째는 지혜를 덧입혀
조형물을 세우고

다섯 명이 나눌 때는
맑은 옹달샘이 되더니만
다섯 명으로 곱셈을 하니
해를 품은
바다가 되어 좌르르 좌르르
노래를 해요

섬 그림자

파도가 넘실대는 바다
잠길 듯 보일 듯
바다 가운데
섬 하나 떠 있다

길 새도 쉬어가고
난파선도 걸려 있다

해질녘
섬 그림자
깊게 드리운
섬 속에
사람이 웃고 있다

CHUN
JA
KIM

자화상

공동체 속에서
곁가지를 쳐내며
재목이 되었다

둘이 하나 되어
다섯 그루에 나무를 심었다
수분과 영양 그리고 햇볕을
잘 받게 해 주었다

나무들이 사랑이 그리웠을까
비를 맞고
쑥쑥 자랐다
지구 한 바퀴 돌아
제 궤도에 안착했다

속이 꽉 찬 다섯 기둥을 보면서
그 옆에
속살 내어준 텅 빈
나무 한 그루

CHUN
JA
KIM

밤바다에 생긴 마을

달빛 별빛 품은
물결이 곱다
정박해 있던
배들은
남폿불 밝혀
동화의 나라를 만든다

달님이 놀러 오고
별님이 숨바꼭질하는
동화 나라

길 잃은 고깃배에
등대가 되어 주고
길 잃은 물새들에게는
어미가 되어 주고 있다

동화 나라엔
희망과 따스함이 있다

CHUN
JA
KIM

유년

내 유년의 마당에는
우물이 있었네

태양이 놀러 오는 밤에는
별과 달이
물 위에 잤네

단풍의 계절에는
오색에 잎들을 데리고
머무는 갈바람
빨랫줄에서 숨바꼭질하면
짹짹 지저귀는 참새떼
빨래들은 길고 희게 하품을 하였네

감나무 가지에
황금빛 감이 노랗게
조는데
아이들이 삽살개 쫓는
소리

유년의 우물은

내 숨이 되어

마른 가슴에 적시네

UN
JA
KIM

기러기

상달해 저물어
고요한 하늘 담은 호수

단풍 어리어
자맥질하는 기러기
갈바람 단풍잎 배 띄우자
힘차게 창공으로 날아올라
포물선 그린다

북쪽 향해 이사 온 너
봄 되기 전
새둥지 틀고
식구 늘여 가려무나

꿈

지나가는 바람
지나가는 구름
바람이 살랑이니
구름이 모여들고

함께 어우러지니
소낙비 내리네

어우렁더우렁
지난 세월
한바탕 꿈이었더라

천변

갈바람에
은머리 갈대와
잔치를 한다

어린 날
물살 가르며 물장구치던
미호천
흰머리 희끗한 할멈이
추억에 젖는다

잉어와 자라가
장기 자랑을 하고
다슬기 관중이 박수를 친다

비릿한 물비린내
맑은 물과
갈바람에 실려
나들이 간다

CHUN
JA
KIM

마음에서 나는 빛

티끌 없는 마음에
지혜가 쌓이고
지혜는 덕을 높인다
마음이 밝으면
너그럽게 되고
너그러운 마음은
복이 쌓인다

티끌 없는 마음
너그러운 마음
수미산이 되는
행복한 등불

CHUN
JA
KIM

CHUN
JA
KIM

잉태

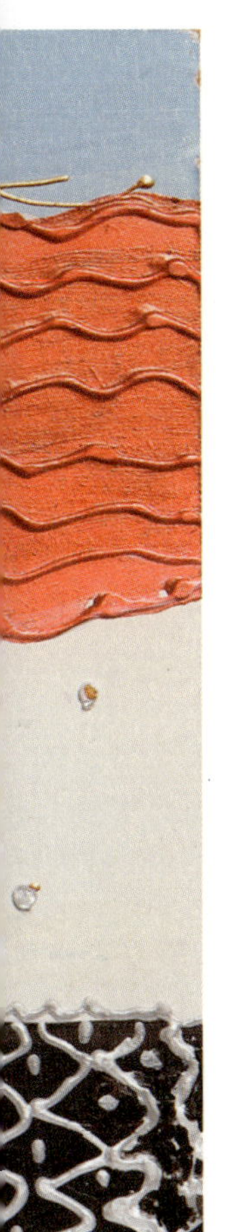

쾌청한 날씨에
씨앗 심고

여명이 밝을 때
씨앗 받으세요

욕심이
화를 낳으니
욕심
내려놓아
복을 가꾸세요

부모와 태중에서
선한 마음으로
보름달 되거들랑
나라 이끄는
주인으로
오소서

어울림

땅을 차고 푸드득
날아오르며 콕콕
수탉끼리
순위를 정한다

암탉을 거느리며
세를 넓히는
수탉 주위로
깃털이 날아
닭장 밖으로
날아간다

하늘을 나는 새
주둥이에 깃털이 물려 있다

땅에 있는 닭과
하늘 새가
서로에게
정을 나눈다

UN
AM

CHUN
JA
KIM

대나무

하늘길 가고 싶어
쏘옥
죽순이 고개를 내밀었다
땅속 뿌리
게
걸음으로
비
바람에
몸통 지키려 애를 쓰고 있다

사그락사그락
대나무 노랫소리
댓돌 위에
세화당 마님
바스락바스락
치맛자락 끌리는 소리
대나무와
합창을 한다

바람

바람은
낮과 밤이 없다

심심하면
잠자는 풀잎 깨우러
밤마다
숲속을 흔들고 다닌다

봄에는
부드러운 아기 볼 같은 바람

여름에는
소나기 쏟아붓는 시원한 바람

가을에는
단풍잎 목말 태우는 바람

겨울에는
북풍으로 문풍지 운다

CHUN
JA
KIM

여유

가는 곳마다
몸 둘 곳 있으니
참새도 짹짹 노래하고
고양이도 야옹한다

밤에 놀러 오는 별빛을
창가로 불러들이고
정한수 담은
대접에
달 받는다

툇마루

친정 나들이 길
툇마루 걸터앉아
옛 추억을 먹는다

소꿉친구들이
고무줄놀이를 하고
암탉이
병아리를 품었다

초롱 속에 든
아기 병아리
노란 좁쌀
콕콕 쪼아 먹는다

병아리와 내가
함께 늙는다

UN
JA
KIM

구름

CHUN
JA
KIM

해바라기

해님 따라
동에서 서로
가쁜 숨결 토해내면서
목을 돌린다
어느 생을
가고 있는가

막내둥이
치맛자락 잡고
동서남북
쫓아온다
전생에
빚진 별이
치맛자락에
매달렸다

개나리

식민지 시절
민족 뒤에
개나리가
쫓는다
어둠 속에
숨겨둔 이야기가
개나리
손에 끌려
어두운
감옥 속에
민족의 혼이 갇힌다

CHUN
JA
KIM

패랭이꽃

태양이 쉬고 싶어
어둠을 불렀다

아무도 없는
강가에
붉은색 꽃을 피웠다

어둠이 놀러 오면
꽃은
붉은빛을 토해낸다

태양이 일어나면
눈물이 그렁그렁

어둠 속에 피는
패랭이꽃
어둠과
사랑을 속삭인다

소소한 행복

손녀 숨소리가 고르다

비염으로 답답해해
가슴이 찡했는데
따뜻한 물에 목욕하고
곳속을 비우고 난 후
아기 심장 소리처럼
고르게 숨을 쉰다

창밖에는 자작자작
비가 내린다

봄을 기다리는
땅속 아가들에게
탯줄이 되어

뿌리줄기 잎 키워
열매 맺으라
고요한 밤에

자작자작
걸음걸이 하였나 보다

창호지 문

게으른 거미가
창살 사이에
집을 지었다

어둠이 묻어오고
보름달이 놀러 오면
정교한 거미집이
창호지 문을 비집고 들어온다

가만히 일어나 만져보니
밖에 있는 거미집
잡히지 않고
헛헛한
그림자만
친구하자네

CHUN
JA
KIM

새색시

돌담길 옆
철 늦은 장미 손잡고 피어 있어요
연지곤지 찍은 새색시
떨림 같아요
예쁜 꽃잎
찬 서리에 움츠리네요

손자 손녀
앞장서 가다
은머리 나부끼며
뒤뚱거리는 할매
뒤돌아
기다리네요

CHUN
JA
KIM

담쟁이

괴산 산자락 어디쯤인가
쭉쭉 뻗은 홍송이
푸른 치마를 입었다
게으른 담쟁이가
홍송에 치마를 입혔다

홍송은 쇠하여지고
담쟁이덩굴은
굵기를 더해 간다
사람들은
진액 먹은 담쟁이덩굴 베어다가
약으로 쓴다

식물도
인과응보
받는가 보다

육십 고개

배아가 산란을 하고
가는 곳마다
해님이 벙긋거린다

육십 고개
휘어진 등
곧추세우고
문운을 받기 위해
이곳저곳 기웃거린다

80대엔
시집이 춤을 추고
수필은 산야를 덥고
소설은
한판 꿈이었다고
붓을 놓겠지

J
KIM

CHUN
JA
KIM

부부

부부는 일심동체
마음도 따로
몸도 따로
어떻게 일심이 되고
한몸이 되지?

나는
종교 방송을 듣고
남편은
스포츠 방송을 보고
나는 듣고
남편은 보고
이래도
일심동체인가?

부부
같은 글자
꼬리 글을 달아 본다
사랑할 때만
일심동체
같은 곳을 바라보는 '부부'

주인님

그는 늘 함께 있었다
슬퍼서 흐느끼는 옆에
기뻐서 웃는 날에도

어느 날
낭떠러지에서
굴렀다
허공에서 혼이
빙그레 웃고 있다

주인님
들어갑니다
눈에 붉은빛이 들어온다

살아 있구나

잠시뿐인 사이

나무에 핀 고운 벚꽃을
휙 지나가는 바람이
꽃밭을 만든다
잠시뿐인 사이

구름이 모이는가 싶더니
소나기 퍼붓는다
잠시뿐인 사이

책을 펴
지식을 쌓아
너의 주인이 되거나
태어나서
잠시뿐인 사이

눈을 감는다

CHUN
JA
KIM

구름

묵직한 구름
장대비로 쏟아 내었다
푸르른 하늘이
빙긋 웃는다

사랑하던 사람과
헤어지던 날
번뇌가 요동을 친다

새로운 사랑이
찾아오니
인간의 마음으로
돌아왔다

살아가는 것

살아간다는 것은
아름다움이
함께 하는 것

즐거움을
내 안에서 찾는다

나를 비추는
태양 아래
나를 알아보는
행복의 무게
실로
무겁다

구절초

세월 먹는 바위에
숨결 가다듬고
구절초 뿌리내렸다

9월 9일
신랑 기다리는
구절초
수줍게
하느작거린다

CHUN

미선나무꽃

미선나무에
하얀 꽃이 피었다

향기가
나비 되어
마당을 돌아다닌다

봄볕
한 움큼
바람
한 움큼
꽃 속에 넣었다

봄 향기
품고서
우리집 정원에서
졸고 있다

밥도둑

초간장에 고추 넣어
햇볕과 바람에 삭혀 두었다

일주일 지나 머리를
쏙 감췄다
해님이 핥아먹고
길게 줄 눈금 남겼다

다시마 멸치 양파 신혼집 지어
초구와 합방하니
해님 들랑날랑
바람은 살랑살랑
사랑은 보글보글

입맛 잃은 부모님
초고추가 미각 살렸다

날마다
장독에 도둑 든다고
장독이 입을 벌렸다

CHUN
JA
KIM

가을 편지

오색 단풍에 편지를 써서
갈바람에 띄워 보낸다

황금 들녘에 수확하러 가자고
아직은 푸른빛이 감도는
고구마 넝쿨을 걷고
호미질을 해보고
손가락 장단도 맞춰보자고

하얀 이밥에
달콤한 꿀 고구마
사랑하는 사람들에게 배달을 한다

CHUN
DA
KIM

눈 속에 핀 꽃

계절이 수놓고 지나간 자리
쑥쑥 자라
기둥이 되었다

서울과 청주
길을 사이에 두고
자유의 시간을 주었다

긴 꼬리 끝에
묻어온 아이 보름달을 닮았다

주방에서 달가닥 소리
멜론을 입속에 넣어 준다
어깨 통증이
눈 속에 핀 꽃 속으로
잦아든다

장남이면서 막내로
전생 인연 찾아
태에 든 아이

30여 년이 지난
세월 속
눈 속에 핀 꽃

파도가 노래를 한다

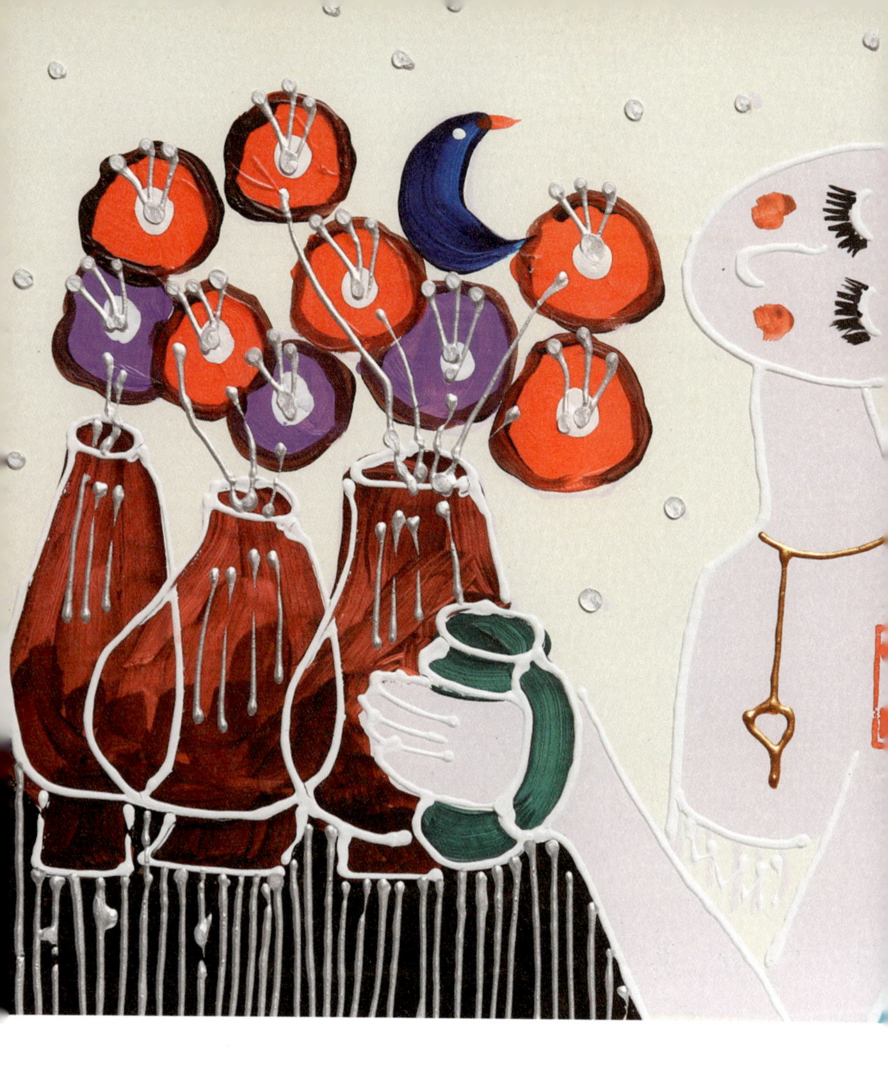

3 오월

추억

사방치기 하던
계집애
추억 속에서 찾는다

흐르는 냇가에서
운동화 배 띄우다
물에 빠진 계집애
추억 속에서 운동화 찾는다

지울수록
새로워지는
추억이란 그림자
삶의
그림자여라

뭤고

물결치는 너는 누구
마음자리 저울추가
뭤고- 뭤고-
물수제비뜨고 있어요

뭉클한 감동을 올려
놓기도 하고
진한 슬픔을
퍼 올리기도 하네요
물수제비 흩어져
제자리 찾는 사이

마음 자세는 고요해지고
귀히 여기는 마음보
하나 더 생겨
풍선처럼 날고 있어요

오월

노오란 된장을 품고 있는
옛날 단지와
유약에 화사하게
화장한 현대식
항아리가
세상 돌아가는
이야기를 하고 있다

투박한 옛날 단지 속
노오란 된장이 말을 한다

예쁜 너는 무엇을 담고 있니
빗물을 담고 있어요
빗물로 뭐하게
미세먼지로 꽉 찬
머릿속을 씻겨 주려구요
도성으로 가야겠구나

노오란 된장은
무엇에 쓰려고 품고 있나요

낙담한
이웃에게 숙성된 토종
희망을 나눠 주려구요

대나무 울타리 너머
붉은 속내 펼쳐놓은 오월 장미가
단지와 항아리
대화 소리에
알 것 같기도 하고
모를 것 같기도 하다고
까르르 웃고 있다

단지는 사람을 생각하고
빗물 담은 항아리는
무뇌 머리 씻어 내려고
청기와집 가고 있대요

오월에는 희망이
열리게 되어
하늘도 푸르고
우리 모두 푸르겠지요

봄 마중 나간 귀

가만히 귀 열고 있으면
바람이 노래를 한다
얼음장 아래 매달린
은방울 텀벙텀벙
시냇물을 깨운다

땅속에 서촉 여는 소리
가려워 끙끙거린다
살살 갈퀴질하면
흙 모자 쓰고 노란 새싹 얼굴 내민다

봄볕이 놀러와
구릿빛 화장을 그려 주었다
예쁘지 속삭인다
나뭇가지 바스락바스락 소곤대는 소리
가지 끝에 새순 밀어 올리는 소리

내 귀는 봄을 마중하러
십 리 밖을 서성인다

피살이

벼보다 피가 많은
나락 논으로
토시 끼고 들어가시는
아버지

벼 잎
피 잎이
살갗을
스각스각
스치고 뒤로 간다
핏줄이 선명하다
허리 핀 얼굴이 부어 있다

쌀도 먹고
피도 먹고
피살이 그만할란다

물꼬

봇도랑에는
물꼬 대는 수채가
논마다
입을 다물고 있다

입 지키던 할아범
뒷간 간 사이
쩍쩍 갈라진 위 논에
입을 열었다

여린 모
물 넘기는 소리
꿀 꺼 억
푸른빛이 감돈다

손녀

뒤뚱뒤뚱
오리걸음
손뼉 치던 손녀

서너 발짝
앞서가다
빙그레 눈 맞추고
땅을 짚던 손녀
허리 힘으로 벌떡
오뚝이를 닮은 손녀

이제
손녀가 없는 방에서
공이 저 혼자 구르고
말이 저 혼자 달리고
자동차도 저 혼자 달린다

연필

도르르
연필이 회전을 하며
나뭇잎 꽃으로
떨어지네

하얀 속살 속
검은 심 고개 방긋
예쁜 집도 짓고
꽃도 피우네

엄마 아빠한테
속살속살
소식도 전한다네

가 나 다 라 마 바 사
예쁜 시가 되어
힘든 임
속울음 토해낸다네

마음에서 나는 빛

티끌 없는 마음에
지혜가 쌓이고
지혜는 덕을 높인다

마음이 밝으면
너그럽게 되고
너그러운 마음은
복이 쌓인다

티끌 없는 마음
너그러운 마음

수미산이 되는
행복한 등불

CHUN
JA
KIM

봄이 오는 소리

유채꽃 향기
바람 끝에 묻어 왔어요

종다리 껍질 벗겨
아삭아삭
달콤한 향기
첫날밤을 기억하네요

유채꽃 토도독 토도독
튀겨내는 소리
병아리 노랫소리 같아요

봄이 오는 소리

눈(目)이다

사람에게는 두 개의 눈이 있어
백 년 세월 등불이 되어 인도한다

아름다운 것을 보기도 하고
위험한 것을 피하기도 하고
어두운 골목을 밝히고
집 앞을 밝혀
사랑하는 사람들 집으로 인도한다

벚꽃 나무도 눈이 있다
벚꽃 눈은 한꺼번에 눈을 뜬다
환희다
힘든 이들에게 힘이 되라고

세상이 환해졌다
아픈 사람들 치유해 주고
슬픈 사람들 보듬어 주고
눈을 감는다

약속

우정을 지키려면
친구와 약속을
잊지 말아야 하고

자식에게 존경을 받으려면
자식과의 약속은
지켜야 하며

사업을 번창시키려면
거래처와의 약속은
금과 같아요

자기 자신과의 약속을
지키는 자는

친구와 자식과 사업을
모두 얻어요

가장 믿을 만한
사람이지요

엄마 젖과 막걸리

엄마 숨소리로
아기는 영글어 가고

농부들은
막걸리잔으로
허기를 채운다

엄마와 아기는
교감을 하고

아기는 뒤뚱뒤뚱
오리걸음

농부들은 풍년가

막걸리 통에서
통통
장구 소리가 난다

한 줌 사연

한 줌 사연이
벚꽃처럼 눈물 뿌린다

어렵게 쌓아 올린 것
내려놓는 것 역시 어렵다

대청댐 쉼터
벚꽃이 무리 지어 피웠다

휘날리는 꽃잎을
손에 쥐어 보니
손가락 한 마디도
감싸주지 못한다

한 줌 안에 넣었던
세월에 무게
벚꽃처럼 내려놓는다

CHUN
JA
KIM

목단꽃

활짝 웃는
목단꽃

향기로 질식시킨
코로나19

독침으로
확인 사살까지 한
일벌

부처님
오신 날

목단꽃이 기쁜 소식을
전하네

마음이 부유하기를
발원한다네

버선코를 닮은 꽃

아기 숨소리를 닮은
달콤한 꽃향기가
코끝을 맴돌아요

버선코를 닮은
아카시아꽃

꿀 가득
향기 가득
사랑도 가득

장구봉
휘돌아
행복을 배달하네요

마음

내 생일

흙 모자 쓰고 촉 틔우는 3월
엄마 나를 낳아주셔서
감사합니다

오래전

하늘나라 별이 되셨지만
늘 환한 빛으로 밝혀 주시니
고맙습니다

3월이 되면
아지랑이 되어
엄마 찾아 길을 떠납니다

사각사각 댓잎 비비는 소리
댓돌 아래
엄마 치맛자락 스치는 소리가
합창을 합니다

엄마가 내게 세상 빛을

보게 하신 날

에구, 예쁜 내 새끼

엄마 그 소리 듣고 싶어
눈시울을 붉힙니다

목탁새

맑은 소리
목탁 치는 소리
콕콕
도르르 도르륵
나무가 운다

아침밥 찾던 박새에게
애벌레 도둑맞고
슬픔에 젖은
어미 풍뎅이
위로하는 목탁새

도르르 도르륵
염불을 한다

어둠

태양이 쉬고 싶어
어둠을 불렀다

지켜보지 않은
강가에
붉은색 패랭이꽃을 피웠다

어둠이 놀러 오면
패랭이꽃은
붉은빛을 토해낸다

태양이 일어나면
패랭이꽃은
눈물이 그렁그렁

어둠 속에 피는
패랭이꽃
어둠과
사랑을 속삭인다

CHUN
JA
KIM

거장의 웃음소리

어린아이 20년
방향키 바로 잡아
한 발짝 뛰게 하니

탕자 되어 휘청거린다
거목
가슴 한편 무너지네

세월 속 철든 아이
받은 은혜 감사해하니

흐뭇해 웃는 웃음
쌓인 체증
내려가네

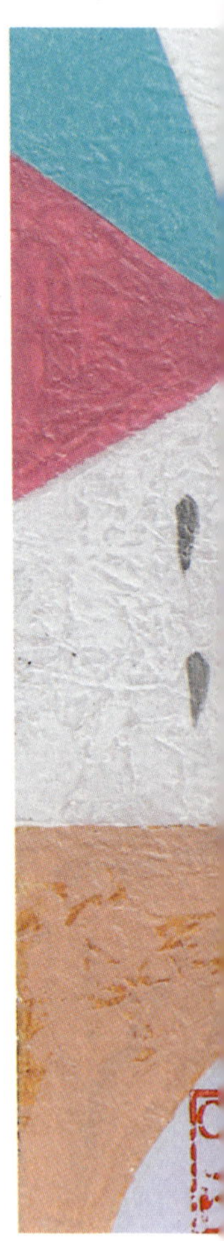

마음

마음이 편안하면
세상은 살맛나고
몸이 병들면
세상사 괴롭다네

행복과 불행은
마음 안에 있다네

마음에는
사랑도 있고
마음에는
슬픔도 있다네

마음에는
천사와 악마가 동거하면서
선한 일을 하면
천사가 미소 짓고
마귀는 악한 일을 하라고
부채질하네

갈고 닦은 마음이 있으니
선한 마음 타고
나들이 간다네

늙어 가는 집

붉은 꽃잎 떨구고
가시만 무성한 때찔레가
추위를 이고 있다

굽은 등을 닮은
늙은 집이
기왓장을 버겁게
이고 있다

용마루 틈새로
천 년이 지난 후에 자란다는
와송이 씨앗을 품고 있다

세화당 마님
올망졸망 팔 남매 키우시듯
와송이 주인 아씨 대신
씨앗을 품고 있다

아기 없는 늙은 집에

댓잎이 사르륵사르륵
자장가를 부른다

희미한 달빛 속으로
들고양이 긴 그림자
남기고 간다

유년시절 숨바꼭질하던
모습과 닮았다

늙어 가는 집에
장끼가 푸드득 꿩꿩
까투리를 찾는다

낮달

청정한 섬나라
뉴질랜드
낮달과 해가 함께 떠 있다

해가 밝으니
낮달은 수줍음 타고

우리는

해와 달이 함께 있는 걸
보며
즐거워했다

블랙아이스

눈부신 태양이
동그란 미세먼지
띠를 입었다

태양은
적폐몰이에 들어가고
띠는 놀이를 하고

여기저기서
하얀 피 와 검은 피 가 섞여

oo판은 당파싸움
oo들은 길을 잃어버리고
oo하는 oo들 손을 들었다

블랙아이스
정지선은 어디인가?

비가 내리네!

해오름달

산야는 어둠을 업고
붉은 꽃을 품었다

바다는 금빛으로
희망을 노래하고

하늘 위로
붉은 꽃이 피어 오른다

경자년
첫 해오름달
첫날에 풍경이다

청장년
깨어 있는 때가 있어
성찰하는 시간을 갖자

해오름달의 첫날
희망을 가득 품고
우리 모두 파이팅

싸리나무

촘촘히 박혀 있는
싸리 꽃에는
여름 내내 벌떼들이
잔치를 한다

향기가 그윽해
머슴과 아씨가
정분이 났다

머슴은 싸리나무로

울타리 쳐서 담장 만들고
어리 만들어 병아리 키운다

지게 위에 얹은
발채 속에
아씨
머슴 새참 싣는다

CHUN
JA
KIM

가을 하늘 노을처럼

달리는 차창 넘어
노을이 곱다

봄 하늘은 아지랑이와
춤을 추며 씨앗 뿌리고
여름 하늘은
비와 태양이 손잡고
전답을 살찌운다
가을 하늘은 추수한
곡식을 창고에 들이고

우리네 삶과 닮은

노을빛 고운 하늘
버거운 짐 내려놓고
높고 맑아라

지금 나는
맑은 가을 하늘처럼
푸른 가슴으로
노을을 품고 있다

CHUN
JA
KIM

빈 배

해일에
짐은 수장되고

빈 배는
쏜살같이 달린다

가벼워야 할
빈 배가
물먹은 솜 같다

CHUN
JA
KIM

평설

노년의 인생관조와 일상의 서정

김춘자 시집 『금빛 날개』를 중심으로

손해일(시인, 국제PEN한국본부 이사장)

1. 머리말

김춘자 시인의 제2시집 『금빛 날개』 발간을 진심으로 축하드린다. 시집(詩集)은 말 그대로 시인의 작품을 모아 집을 지어주는 일이다. 기록되지 않는 역사는 사라지기 쉽다. 서양속담 'No publishing is perishing' 처럼 시집 발간은 역사적 존재로 시인이 살아남기 위함이다.

평설을 의뢰한 김 시인은 충북대학교 교육원과 샘터문예대학에서 창작실기를 익혔다. 2018년 『한국산문』에 수필로 등단하고, 샘터 신인상에 시로 등단하였으며, 2018년에 충북대 수필문학상 등 여러 가지 상을 수상하였다. 이어 한국문인협회와 한국산문작가회, 한국수필문학가협회 등에 가입하였다. 등단 이전인 2015년에 산문집 『그것은 사랑이었네』를 발간하고, 2018년에 시집 『오월이 오기까지』를 발간하는 등 늦깎이 작가지만 짧은 기간에 너무도 열심히 집중적으로 활동한 흔적이 역력하다.

작품 비평 방법론 중 하나는 '형식주의 비평'으로 작가나 시대 외적인 요인을 일체 배재하고 오로지 작품 자체만을 분석하는 방법이 있다. 미국의 신비평이나 러시아 형식주의자들이 주창하는 방법으로 소위 러시아 형식주의자 쉬클로프스키의 '낯설게 하기(defamiliarization)'란 용어가 대표적이다.

또 하나는 역사주의 비평론으로 작가의 성장 배경, 가족, 학업, 시대환경 등 외적요인을 고찰해 작품을 추론하고 분석하는 방법이다. 김 시인의 시는 난해시가 아니라 주로 서정시나 작가 주변의 일상 스케치가 많아 쉽게 익히는 작품들이라 역사적인 방법론이 유효하다. 대부분의 시가 비유와 상징을 활용한 '보여주기 시'가 아니라, 직설적으로 설명하는 '말하기 시'이기 때문이다. 꿈 해몽처럼 시인은 시로서 꿈꾸고 평론가는 그 작품을 꿈처럼 분석하고 해몽한다. 이런 배경으로 김 시인의 작품 세계를 한마디로 요약한다면 '노년의 인생관조와 일상의 서정'이라 할 수 있다. 평설이 사족일 정도로 쉽게 읽히는 시들이다.

이 시집에 수록된 시의 특징을 분석해 본다.

2. 인생관조와 추억 회상

누군가 나이를 먹는다는 것은 늙는 것이 아니라 서서히 익어가는 것이라고 했다. 정확한 나이를 밝히지는 않았지만, 김 시인의 작품 곳곳에 인생 연륜이 묻어난 시가 대부분이다.

공자는 논어 「爲政」편에서 나이 50대는 비로소 천명을

깨치는 '지천명(知天命)'이라 했고, 60대는 '이순(耳順)'이니 "생각하는 것이 원만하여 뭔가를 들으면 쉽게 이해하게 된다"고 했다, 70대는 '종심소욕 불유구(從心所欲 不踰矩)'이니 "마음 내키는 대로 행동해도 규범에 어긋남이 없다"고 하였다. 그러나 지금은 첨단과학 시대로 70대는 청춘이요, 100세 시대이니 이 말도 현실에 맞게 수정해야 할 것 같다.

김 시인은 「시인의 말」에서 『금빛 날개』로 날아서 순수한 동경과 추억에 대한 그리움과 맑은 언어가 내 안에서 기지개를 켠다고 말하고 있다. 김 시인의 인생 역정을 피력한 첫 번째 시 「쌍둥이 소나무」를 살펴보자.

> 부엽토 두둑한 땅에 올곧게 뿌리내려/ 하늘을 머리에 이고 쑥쑥 자라/ 사방팔방으로 가지를 뻗어 나갔네//
> 사회로 뻗어 나가 언론사에 출근하여/ 날갯짓 잘하는데/ 사주가 수해의연금 착복하니/ 폐간 조치되었다네//
> 추락하여 착지한 곳이/ 먹지도 못하는/ 세종대왕님과 씨름하는 곳이었네//
> 상무님 다리 놓아 국록 먹는 남편 만나/ 살림살이 빡빡하니 건설회사 설립하여/ 오 남매 기둥 만들고/ 사원들 눈비 가림막이 되어주고/ 길도 터 주고 오지랖 펴다 보니/ 머리에 하얀 설화가 피고//
> 추운 겨울 생솔가지 쳐서 군불 떼고/ 벽돌 한 장 한 장 쌓아 올려/ 푼푼이 모은 돈으로 장학금 주었더니/ 동량들 어느새 자라 오고가며 들려주니/ 그나마 삶의 보람이었네//
> 소나무 우뚝 자라 대들보 대고/ 용마루 되어 묵은 솔향 풍기는/ 우리는 천생연분 쌍둥이 소나무라네// - 「쌍둥이 소나무」 전문

우회적으로 표현했으나 이 시에 김 시인의 일생이 요약돼 있다. 추측컨대 젊은 시절엔 팔방으로 여행하고, 언론사에

취직했으나 폐간되자 금융기관으로 옮겼다. 상무의 주선으로 공무원 남편 만났으나 박봉이라 건설회사를 설립하여 5남매 뒷바라지하고 사원들 복지와 장학금 지급도 하는 등 보람 있는 삶을 산 것 같다. 그 주역을 청청한 쌍둥이 소나무 부부로 비유했다.

이어 「자화상」을 보자.

> 공동체 속에서/ 곁가지를 쳐내며/ 재목이 되었다//
> 둘이 하나 되어/ 다섯 그루의 나무를 심었다/ 수분과 영양 그리고 햇볕을/ 잘 받게 해 주었다//
> 나무들이 사랑이 그리웠을까/ 비를 맞고/ 쑥쑥 자랐다/ 지구 한 바퀴 돌아/ 제 궤도에 안착했다//
> 속이 꽉 찬 다섯 기둥을 보면서/ 그 옆에/ 속살 내어준 텅 빈/ 나무 한 그루//
>
> \- 「자화상」 전문

이 시에서 화자는 둘이 하나 되어 다섯 자녀를 잘 키운 결과 쑥쑥 자라서 속이 꽉찬 기둥들이 되었으나 자신은 '속살 다 내어준 텅 빈 나무 한 그루'라고 비유하고 있다.

시집 맨 끝에 배치한 표제시 「금빛 날개」에 김 시인의 가정사가 더욱 분명해진다.

> 희끗희끗한 머리카락과 주름 사이로/ 세월의 흔적이 흐르고/ 160센티미터 키 사이로/ 첫째가 연구하고/ 둘째는 대기업/ 셋째는 국록 먹고/ 넷째는 변론하고/ 다섯째는 지혜를 덧입혀/ 조형물을 세우고//
> 다섯 명이 나눌 때는/ 맑은 옹달샘이 되더니만/ 다섯 명으로 곱셈을 하니/ 해를 품은/ 바다가 되어 좌르르 좌르르/ 노래를 해요//
>
> \- 「금빛 날개로 날다」 전문

머리 희끗희끗한 노년에 접어들어 회상하건대 가장 큰 보람은 자녀들의 건강과 성공이다. 대한민국 부모들의 교육열과 희생은 이미 정평이 있거니와 김 시인도 예외는 아닌 듯하다. 앞서 살펴보았듯이 우여곡절을 겪었으나 경제적으로 자녀들 뒷바라지도 충실히 하여 다 잘된 상태다. 첫째는 연구직, 둘째는 대기업, 셋째는 공직, 넷째는 변호사, 다섯째는 조형물 제작자로 각각 전문가로 성장하였으니 다복한 가정이라 「금빛 날개」로 상징할 만하다.

다음 시는 김 시인이 다복한 가정을 이루고 작가가 되기까지의 노력과 열정을 보여준다.

> 배아가 산란을 하고/ 가는 곳마다/ 해님이 벙긋거린다//
> 육십 고개/ 휘어진 등/ 곧추세우고/ 문운을 받기 위해/ 이곳저곳 기웃거린다//
> 80대엔/ 시집이 춤을 추고/ 수필은 산야를 덥고/ 소설은/ 한판 꿈이었다고/ 붓을 놓겠지//
>
> -「육십 고개」 전문

지금까지는 작가 자신의 가정사와 자화상 등 신변잡기적 작품이었다면 다음 시에서는 이의 배경이 되는 작가의 품성과 인생관을 엿볼 수 있다.

> 마음이 편안하면/ 세상은 살맛나고/ 몸이 병들면/ 세상사 괴롭다네//
> 행복과 불행은/ 마음 안에 있다네//
> 마음에는/ 사랑도 있고/ 마음에는/ 슬픔도 있다네//
> 마음에는/ 천사와 악마가 동거하면서/ 선한 일을 하면/
> 천사가 미소 짓고/ 마귀는 악한 일을 하라고/ 부채질하네//
> 갈고 닦은 마음이 있으니/ 선한 마음 타고 / 나들이 간다네//
>
> -「마음」 전문

위의 「마음」이라는 시는 평범하지만 진리인 마음의 속성을 말하고 있다. 마음에는 사랑과 슬픔, 천사와 악마가 공존하는데 마음이 편안하면 세상이 살맛난다고 한다. 행복과 불행이 다 마음의 작용에 있으니 불교식으로 하면 세상사는 '일체유심조(一切唯心造)'로 마음먹기에 달렸다. 김 시인은 '권선징악' 즉 천사와 악마의 갈등 중 선한 일을 권장하는 천사의 입장을 지지한다.

> 티끌 없는 마음에/ 지혜가 쌓이고/ 지혜는 덕을 높인다//
> 마음이 밝으면/ 너그럽게 되고/ 너그러운 마음은/ 복이 쌓인다//
> 티끌 없는 마음/ 너그러운 마음//
> 수미산이 되는/ 행복한 등불//　　　　- 「마음에서 나는 빛」 전문

위의 시는 마음의 작용으로 밝은 마음과 너그러움으로 복이 쌓이고, 티끌 없고 너그러운 마음이 극락 정토인 수미산을 밝히는 등불이라고 생각한다. 이해와 용서, 너그러움의 궁극이다. 김 시인의 인생관의 감정을 피력한 시는 「다이어트」 「어울림」 「개나리」 「담쟁이」 「여유」 「부부」 「잠시뿐인 사이」 「소소한 행복」 등이다.

다음 시 「약속」은 김 시인의 생활신조로써 약속을 강조하는 작품이다.

> 우정을 지키려면/ 친구와 약속을/ 잊지 말아야 하고//
> 자식에게 존경을 받으려면/ 자식과의 약속은/ 지켜야 하며//
> 사업을 번창시키려면/ 거래처와의 약속은/ 금과 같아요//
> 자기 자신과의 약속을/ 지키는 자는/

친구와 자식과 사업을/ 모두 얻어요//
가장 믿을 만한/ 사람이지요//

-「약속」 전문

상식적이고 당연한 일이면서도 실천하기 어려운 게 약속이다. 이 시에서는 우정을 지키기 위해서, 자식에게 존경받기 위해서, 사업을 번창시키기 위해서 반드시 약속을 지켜야 하고 특히 자신과의 약속을 지키는 사람이 가장 믿을 만한 사람이라고 강변한다. 김 시인의 가정과 자녀교육, 사업성공 등에서 이 약속 신조가 바탕이 되었으리라 짐작된다.

그밖에 김 시인의 시의 주류를 이루는 게 과거의 추억과 회상이다. 노인은 과거를 먹고 살고, 젊은이는 미래를 먹고 산다고 하는데 김 시인으로서는 당연한 주제인지도 모른다. 「유년」「천변」「해바라기」「창호지 문」「툇마루」「추억」「 피살이」「손녀」「눈 속에 핀 꽃」「내 생일」「거장의 웃음소리」「늙어가는 집」 등이 고향과 유년의 추억을 소재로 한 작품들이다.

3. 일상의 서정과 순수 동심

김 시인 작품의 또 다른 주류가 일상의 서정과 동심이다. 시적 기교가 현란하지는 않지만 늦깎이 시인으로서 순수한 동심과 서정적인 전개가 눈에 들어온다.
「섬 그림자」「 밤바다에 생긴 마을」「기러기」「꿈 」「어울림」「패랭이꽃」「새색시」「여유」「바람」「구름」「꿈」「구절초」「미선나무꽃」「오월」「봄 마중 나간 귀」「연필」「봄이 오는 소리」「가을 편지」「엄마젖과 막걸리」「목탁새」「어둠」「가을 하늘 노을처럼」「구절초」「낮달」「해오름달」「싸리나무」「목단꽃」「버선코를 닮은 꽃」 등 대부분이 이에 속한다.

현대는 갈수록 시대가 복잡다기해서인지 요령부득한 난해시가 판을 치지만, 시의 본류는 여전히 서정시이다. 개인의 신변잡기적 정서가 아니라 전 세계인의 공감을 얻을 수 있는 보편적 주제의 서정시가 바람직하다. 거기다 기법상 비유와 상징이 탁월한 감칠맛 나는 시라면 금상첨화이겠다. 김 시인의 서정시 중 몇 편을 살펴본다.

> 파도가 넘실대는 바다/ 잠길 듯 보일 듯/ 바다 가운데/ 섬 하나 떠 있다//
> 길 새도 쉬어가고/ 난파선도 걸려 있다//
> 해질녘/ 섬 그림자/ 깊게 드리운/ 섬 속에/ 사람이 웃고 있다//
>
> -「섬 그림자」 전문

이 시는 해질 무렵의 바다와 멀리 보이는 섬 경치를 간결하게 읊은 서경시라 할 수 있다. 요란스럽게 감정을 앞세우지 않고 스케치하듯 썼다. 멀리 떠 있는 섬, 길새, 난파선, 해질녘의 섬 그림자가 객관적 상관물로 동원되었다. 마지막 연인 '그 속에 사람이 웃고 있다'가 생동감을 준다.

> 맑은 소리/ 목탁 치는 소리/ 콕콕/ 도르르 도르륵/ 나무가 운다//
> 아침밥 찾던 박새에게/ 애벌레 도둑 맞고/ 슬픔에 젖은/ 어미 풍뎅이/ 위로하는 목탁새//
> 도르르 도르륵/ 염불을 한다//
>
> -「목탁새」 전문

목탁새를 소재로 한 이 작품도 짧고 간결하게 시상이 잘 정리돼 있다. 탁탁탁 부리로 나무를 계속 쫀다하여 탁목조(啄木鳥)라 불리는 딱따구리를 목탁새로 표현한 것이다. '도르르 도르륵' 나무 쪼는 소리를 목탁소리와 염불로 비유한 순수 서정시다.

> 미선나무에/ 하얀 꽃이 피었다//
> 향기가/ 나비 되어/ 마당을 돌아다닌다//
> 봄볕/ 한 움큼/ 바람/ 한 움큼/ 꽃 속에 넣었다//
> 봄향기/ 품고서/ 우리집 정원에서/ 졸고 있다//
>
> -「미선나무 꽃」 전문

이 시도 하얀 미선나무꽃을 보고 시상을 펼친 작품이다. 하얀 꽃향기가 나비되어 봄볕과 바람을 꽃속에 넣고 정원에서 졸고 있는 정경이다. 동시를 쓰듯 간결하게 시상을 잘 정리하였다.

> 식민지 시절/ 민족 뒤에/ 개나리가/ 쫓는다/ 어둠 속에/ 숨겨둔 이야기가/ 개나리/ 손에 끌려/ 어두운/ 감옥 속에/ 민족의 혼이 갇힌다//
>
> -「개나리」 전문

이 시는 일제 강점기에 독립투사들을 추적하여 검거하던 일본 경찰과 형사를 노란 개나리로 환치했다. 개나리를 서정적인 꽃으로만 생각하는 보통의 경우를 넘어 일제 헌병으로 본 착상이 신선하다.

4. 맺는말

이상에서 김춘자 시인의 시집 「금빛 날개」에 수록된 시를 역사주의 비평의 관점에서 살펴보았다.

김 시인은 늦깎이로 등단하였으나 몇 년 사이에 두 권의 시집과 두 권의 수필집을 낼 정도의 열정을 높이 평가한다. 생활인으로서 가정도 잘 이루고 자녀도 잘 키우고 사업도 성공한 모범사례로 보인다. 문학을 전공하진 않았지만 짧은 시일에 크게 진전을 보이는 것은 오로지 전심 전력으로 노력한 결과로 생각한다.

이번 시집의 김 시인의 시세계를 첫째는 인생관조와 추억 회상, 둘째는 순수 서정과 동심으로 대별해 살펴보았다.

순수 서정시는 크게 진전을 보였으나 착상을 비범하게 하고 비유법을 좀 더 연마하기를 권한다. 표현 기법면에서 좋은 글쓰기는 결국 비유와 상징의 차이에서 결정되기 때문이다. 더욱 정진하여 글 쓰는 재미를 만끽하고, 행복하게 보내기를 축원한다.

김춘자 시집

금빛 날개

2020년 12월 15일 초판 인쇄
2020년 12월 20일 초판 발행

지은이 / 김춘자

발행인 / 강병욱
발행처 / 도서출판 교음사

03147 서울 종로구 삼일대로 457 수운회관 1308호
Tel (02) 737-7081, 739-7879(Fax)
e-mail / gyoeum@daum.net

등록 / 제2007-00052호

* 잘못된 책은 바꾸어 드립니다　값 13,000 원

ISBN 978-89-7814-812-2 03810

이 도서의 국립중앙도서관 출판예정도서목록(CIP)은 서지정보유통지원시스템 홈페이지(http://seojinlgokr)와 국가자료공동목록시스템(http://wwwnlgokr/kolisnet)에서 이용하실 수 있습니다 (CIP제어번호 : CIP2020051496)

* 이 도서는 도서출판 교음사 후원으로 제작 되었습니다.